Inhalt

IT-Benchmarking - Best Practices fördert den Vergleich der IT-Abteilungen untereinander

Kernthesen

Beitrag

Fallbeispiele

Weiterführende Literatur

Impressum

IT-Benchmarking - Best Practices fördert den Vergleich der IT-Abteilungen untereinander

M. Westphal

Kernthesen

- Das Anforderungsprofil an IT-Abteilungen in Unternehmen ändert sich.
- Der verstärkte Drang zum Outsourcen von IT-Leistungen verschiebt den Fokus der Aufgaben der IT-Abteilungen zum Prozessmanager.
- Die wachsenden Anforderungen steigern den Bedarf an professionellem

Benchmarking mit IT-Abteilungen anderer Unternehmen.
- IT-Benchmarking genießt in Deutschland bisher nur einen geringen Stellenwert.

Beitrag

Die veränderten Anforderungen an die betriebliche IT führen zu einer erhöhten Prozesskomplexität. Diese bedingt den Bedarf nach professionellem IT-Benchmarking, um die Optimierungspotenziale zu identifizieren.

Der Aufgabenschwerpunkt der betrieblichen IT verschiebt sich

Der wachsende Kostendruck macht auch vor der betrieblichen IT nicht halt. Sinkende Budgets, gepaart mit unverändert hohen Qualitätsanforderungen an die IT, führen zum Umdenken in den IT-Abteilungen. Bisher galt das klassische Paradigma "Plan, Build, Run". Aufgrund der veränderten Ausgangssituation kann nicht mehr die Entwicklung von Applikationen sowie das Hosting der Infrastruktur die Hauptaufgabe sein. Viel mehr muss sich der Fokus hin zu "Source, Make, Deliver" verschieben. Der wesentliche Unterschied liegt darin, dass dann nicht mehr die klassische Eigenerstellung im Fokus liegt, sondern die gezielte Beschaffung von Produkten und entsprechenden Lösungen in Form von Hardware, Software und IT-Dienstleistungen. (5)

Der Bedarf steigt die IT-Abteilung gegenüber denen anderer Unternehmen zu benchmarken

Der steigende Anteil von extern erstellten IT-Leistungen erhöht den Bedarf an professionellem Prozessmanagement, daher steigt der Bedarf die IT-Abteilungen gegenüber
anderen Unternehmen zu benchmarken. Optimierungspotenziale der betrieblichen IT ergeben sich daher nicht nur aus einem veränderten Anforderungsprofil hin zu verstärktem Outsourcing. Kostensenkungen verbunden mit Qualitätsverbesserungen bedürfen einer "Best Practice"-Betrachtung über die eigenen Unternehmensgrenzen hinweg. Es bietet sich in diesem Zusammenhang sogar an, über die eigene Branche hinauszugehen. (5)
Vergleiche gewinnen an Bedeutung, da nicht nur der interne Entwicklungsprozess, sondern die Einbindung von Partnern, das Projektmanagement und die

Auswahl von Partnern einer weitaus größeren Projektkompetenz bedürfen.
Die bisher häufig im Vordergrund stehenden Leistungs- und Kostenvergleiche von Hard- und Software treten immer stärker in den Hintergrund gegenüber Untersuchungssubjekten wie IT-Strategie, Controlling und Steuerung wie auch IT-Prozesse oder das Management von IT-Projekten. (5)
Viele Unternehmen aus allen Branchen haben bis heute noch gar keine Methoden und Tools im Einsatz, die geeignet sind, die Qualität und die Wirtschaftlichkeit von IT-Prozessen zu überprüfen oder gar zu vergleichen. Benchmarking von IT-Abteilungen gibt es bisher nur in einem Drittel der Unternehmen und auch hier häufig nur sehr sporadisch und unsystematisch. Dabei wird nicht beachtet, dass sich Optimierungspotenziale nur anhand einer objektiven Analyse und häufig eben auch nur mittels eines Vergleichs mit anderen Unternehmen identifizieren lassen. (1)
Idealerweise lösen die Unternehmen ihre Kerngeschäftsprozesse von denen der Querschnittsfunktionen und analysieren die entsprechenden Prozesse mit einem anschließenden Benchmarking. Das Benchmarking kann dann aufzeigen wo das Unternehmen im Vergleich zu anderen Unternehmen steht und identifiziert auch Verbesserungspotenziale. Sofern sich anhand dieser Analysen in den Kerngeschäftsprozessen ein

signifikantes Verbesserungspotenzial aufzeigt, sollte dieses zu einem Überdenken der genutzten IT-Lösungen führen. (2)

Benchmarking hat sich in IT-Abteilungen kaum durchgesetzt

Das Konzept Benchmarking gibt es bereits seit den 1980er Jahren. In Rahmen von Benchmarking-Projekten sollen erfolgreiche Prozessstandards identifiziert werden und dann entsprechend auf die eigenen Prozesse umgesetzt werden. Hierbei werden vergleichbare Abteilungen oder Unternehmen systematisch und kontinuierlich miteinander verglichen. (5)

Die grundsätzlichen Dimensionen des Benchmarkings sind:
- Untersuchungsobjekt: Prozesse, Methoden, Produkte, Dienstleistungen, IT-Strategie
- Untersuchungssubjekt: Unternehmensintern, oder extern. Branchenintern oder extern. Datenbankbasiertes Konsortialbenchmarking, vs. Individualbenchmarking
- Zielgröße: Zeit (Durchlaufzeiten), Qualität (Ausschuss je 1 000 Teile) und Kosten sowie alle anderen messbaren Variablen.Der

Benchmarkingprozess: gliedert sich in die Phasen:- Definitionsphase: Welche Fragen sollen zu welchen Benchmarkingobjekten beantwortet und mit welchen Benchmarkingpartnern analysiert werden?- Durchführung: Welches Erhebungsvefahren soll herangezogen werden? Aufbereitung der erhobenen Daten.
- Lessons Learned: Nutzung der aus dem Benchmarking gewonnene Erkenntnisse und Ableitung der notwendigen Strategien zur Erreichung der Ziele unter Best Practices Gesichtspunkten.
- Kontrolle: Überprüfung und Überwachung der Umsetzung. (5)
Für die erfolgreiche Durchführung von Benchmarking-Projekten gibt es eine Reihe von Erfolgsfaktoren:
Die **Anzahl der teilnehmenden Unternehmen** bestimmt im Wesentlichen die Qualität der Schlussfolgerungen.Sicherlich ist ein einmalig durchgeführtes Benchmarking-Projekt besser als gar keines. Aber erst im **Zeitablauf kontinuierlicher IT-Benchmarkings** lassen sich komplementär zum IT-Controlling auch die notwendigen Veränderungen im Zeitablauf erkennen.Die **Erfahrung des Benchmarking-Organisators** ist ein wesentlicher Faktor für die letztendlich erfolgreiche Durchführung eines solchen Projekts. Die **verschiedenen Instrumente wie Fragebögen müssen qualitativ gut sein** und unterscheiden sich häufig enorm. (5)

Die Rolle des CIO verschiebt sich zum Innovationspartner

Ein CIO muss sich zu einem professionellen Partner für die Unternehmensleitung entwickeln. Hierzu bedarf es internationaler Erfahrungen, virtueller Partnerschaft mit Lieferanten sowie einem gemeinsamen Verständnis der Anforderungen der unterstützten Business-Segmente. Neben eindeutig definierten Service-Level-Agreements im Hinblick auf die IT-Leistungen für das Unternehmen muss er seinen Verantwortungsbereich einem kontinuierlichem Benchmarking unterstellen. (3) IT-Benchmarking gehört für jeden IT-Manager zum Standard-Werkzeug und ist als Ergänzung zum klassischen IT-Controlling zu sehen. Dabei ist die gesamte IT-Wertschöpfungskette zu betrachten. (5)

Benchmarking-Projekte vs. Sicherheitsdenken

Viele Benchmarking-Projekte im IT-Bereich scheitern an der offenen Preisgabe von Daten und deren

Austausch. Ohne ein solches Commitment funktioniert aber eine Benchmarking-Gegenüberstellung nicht. Viele Unternehmen wollen ihre IT-Leistungen mit anderen Partnern vergleichen, können sich aber in diesem sensiblen Bereich nicht auf Vertrauen und Austausch einlassen. Ohne diese gibt es aber keinen hinreichenden Datenaustausch zwischen den Unternehmen was dann letztendlich auch nur zu sehr eingeschränkten Ergebnissen führt, die die Leistungen der IT-Organisation dauerhaft nicht verbessern werden. Daraus resultierend gibt es in Deutschland auch keinen echten Anbieter mehr für IT-Benchmarking. (6)

Fallbeispiele

CIO-Panel ist ein Benchmarking-Projekt, welches von Horvath&Partners Management Consultants in Zusammenarbeit mit der European Business School (EBS) Oestrich-Winkel jährlich in Form eines Konsortialbenchmarking durchgeführt wird. Vorteil dieses Projektes für die teilnehmenden Partner sind zum einen die jährlich wachsende Datenbasis wie auch die kontinuierlich wachsende Teilnehmerzahl sowie die kostenlose Teilnahme. Dieses Tool ist als strategisches IT-Benchmarking positioniert. (5)

Ein EU-weites Benchmarking hat ergeben, dass die Organisation des E-Government in Österreich bestens aufgestellt ist. (4)

Benchmarking-Projekte können Kosten von bis zu 20 000 Euro je teilnehmendem Unternehmen verursachen. (5)

Weiterführende Literatur

(1) O.V., IT-Service-Management (ITSM) vor einer neuen Herausforderung, IT-Prozesse im Visier, geldinstitute, 01/2007, S. 12
aus Bilanzbuchhalter und Controller, Heft 02/2007, S. 44

(2) Accenture-Manager Hofbauer fordert von den Vorständen Unterstützung für den CIO ein: „In den Fachbereichen ist wieder IT-Kompetenz gefragt"
aus Computer Zeitung, Heft 5, 2007, S. 15

(3) CIO-Gipfel-Impressionen aus Montreux: Zukunftsmanagement für den CIO
aus IM Information Management & Consulting, Heft 1/2007, S. 95-97

(4) Für Wohlstand und Wachstum
aus "Computerwelt" Nr. 5 / 2007 vom 07.03.2007

(5) IT-Benchmarking
aus is report, Heft 1-2/2007, S. 44-48

(6) Vergleich von IT-Produkten und -Services schafft Transparenz – aber: Benchmarking sucht Teilnehmer
aus Computer Zeitung, Heft 11, 2007, S. 8

Impressum

IT-Benchmarking - Best Practices fördert den Vergleich der IT-Abteilungen untereinander

Bibliografische Information der deutschen Nationalbibliothek

Die Deutsche Nationalbibliothek verzeichnet diese Publikation in der deutschen Nationalbibliografie; detaillierte bibliografische Daten sind im Internet über http://dnb.d-nb.de abrufbar.

ISBN: 978-3-7379-0044-7

© 2015 GBI-Genios Deutsche Wirtschaftsdatenbank GmbH, Freischützstraße 96, 81927 München, www.genios.de

Alle Rechte vorbehalten. Dieses Werk ist einschließlich aller seiner Teile – z.B. Texte, Tabellen und Grafiken - urheberrechtlich geschützt. Jede Verwertung außerhalb der Grenzen des Urheberrechtsgesetzes bedarf der vorherigen Zustimmung des Verlags. Dies gilt insbesondere auch für auszugsweise Nachdrucke, fotomechanische

Vervielfältigungen (Fotokopie/Mikroskopie), Übersetzungen, Auswertungen durch Datenbanken oder ähnliche Einrichtungen und die Einspeicherung und Verarbeitung in elektronischen Systemen.